AF205715

Impressum
Verlag: BABADADA GmbH, Nedderfeld 112 , 22529 Hamburg
Geschäftsführer / Verlagsleitung: Harald Hof
Druck: Books on Demand GmbH, In de Tarpen 42, 22848 Norderstedt

Imprint
Publisher: BABADADA GmbH, Nedderfeld 112 , 22529 Hamburg, Germany
Managing Director / Publishing direction: Harald Hof
Print: Books on Demand GmbH, In de Tarpen 42, 22848 Norderstedt, Germany

skola

škola

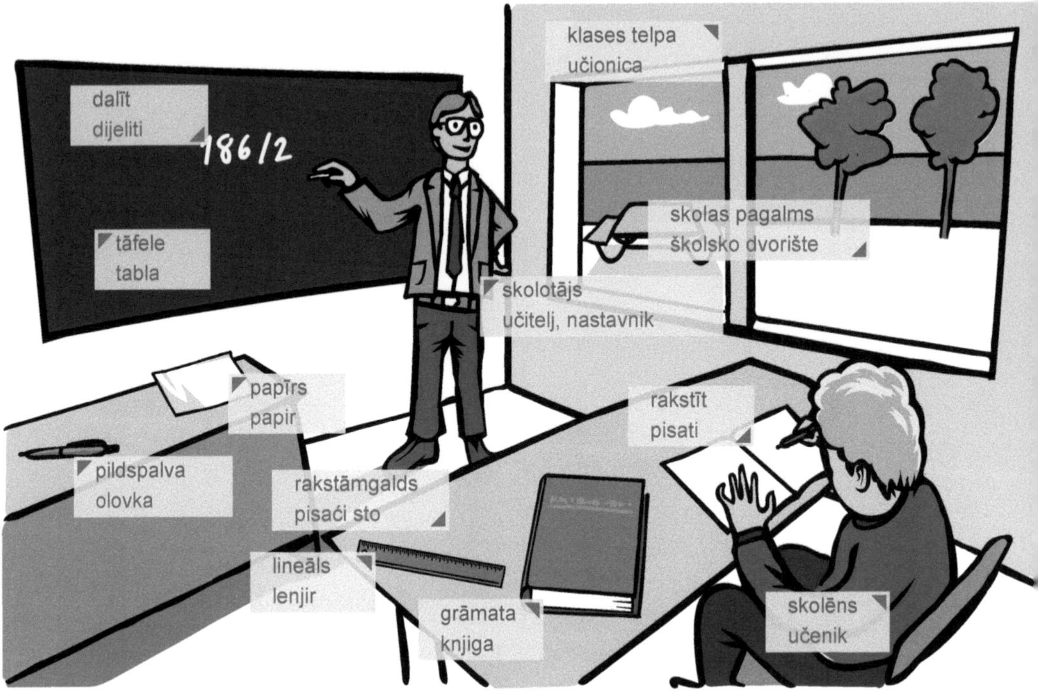
dalīt
dijeliti
186/2
klases telpa
učionica
tāfele
tabla
skolas pagalms
školsko dvorište
skolotājs
učitelj, nastavnik
papīrs
papir
rakstīt
pisati
pildspalva
olovka
rakstāmgalds
pisaći sto
lineāls
lenjir
grāmata
knjiga
skolēns
učenik

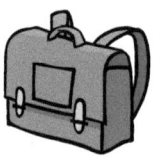

skolas soma
torba

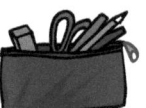

penālis
pernica

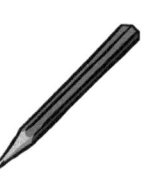

zīmulis
drvena olovka

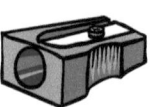

zīmuļu asināmais
šiljalo za olovke

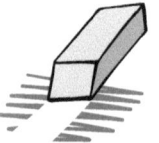

dzēšgumija
gumica

zīmēšanas bloks
blok za crtanje

zīmējums

crtež

ota

kist

krāsas

kutija s bojama

šķēres

makaze

līme

ljepilo

darba burtnīca

vježbanka

mājas darbs

domaća zadaća

12

skaitlis

broj

2+2

saskaitīt

sabirati

5-2

atņemt

oduzimati

2×2

reizināt

množiti

rēķināt

računati

A

burts

slovo

**ABCDEFG
HIJKLMN
OPQRSTU
VWXYZ**

alfabēts

abeceda

hello

vārds

riječ

teksts
....
tekst

lasīt
....
čitati

krīts
....
kreda

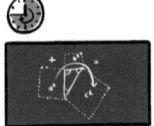

mācību stunda
....
sat

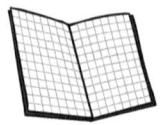

žurnāls
....
školski dnevnik

eksāmens
....
ispit

liecība
....
svjedočanstvo

skolas forma
....
školska uniforma

izglītība
....
izobrazba

enciklopēdija
....
leksikon

universitāte
....
univerzitet

mikroskops
....
mikroskop

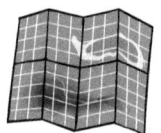

karte
....
karta

papīrgrozs
....
korpa za papir

skola - škola

ceļojums
putovanje

viesnīca
hotel
Grand
hostelis
hostel
ROOMS
valūtas maiņas punkts
mjenjačnica
čemodāns
kofer
automašīna
auto

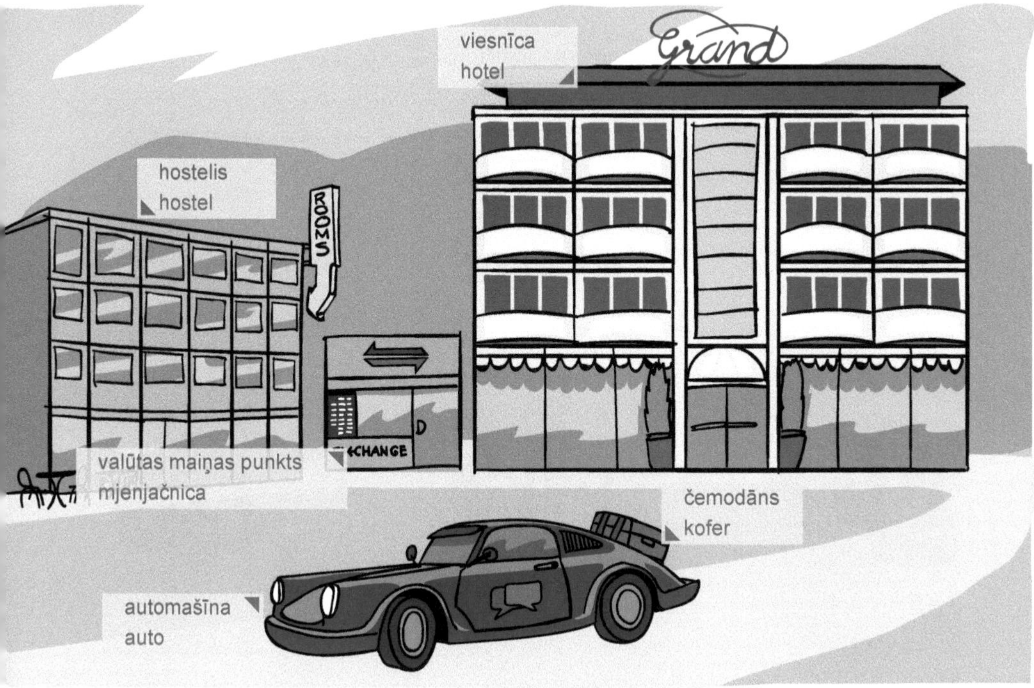

Valoda

jezik

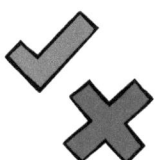

jā / nē

da / ne

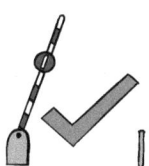

Okay

okej

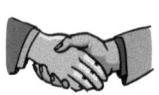

Sveiki!

zdravo

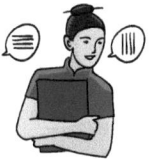

tulks

tumač

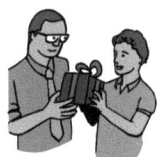

paldies

hvala

Cik maksā…?

Koliko košta...?

Es nesaprotu

Ne razumijem

problēma

problem

Labvakar!

dobro veče!

Labrīt!

Dobro jutro!

Ar labu nakti!

Laku noć!

Uz redzēšanos

doviđenja

virziens

smjer

bagāža

prtljag

soma

torba

mugursoma

ruksak

viesis

gost

istaba

soba

guļammaiss

vreća za spavanje

telts

šator

tūrisma informācija

turističke informacije

pludmale

plaža

kredītkarte

kreditna kartica

brokastis

doručak

pusdienas

ručak

vakariņas

večera

biļete

putna karta

lifts

lift

pastmarka

poštanska markica

robeža

granica

muita

carina

vēstniecība

ambasada

vīza

viza

pase

pasoš

transports
transport

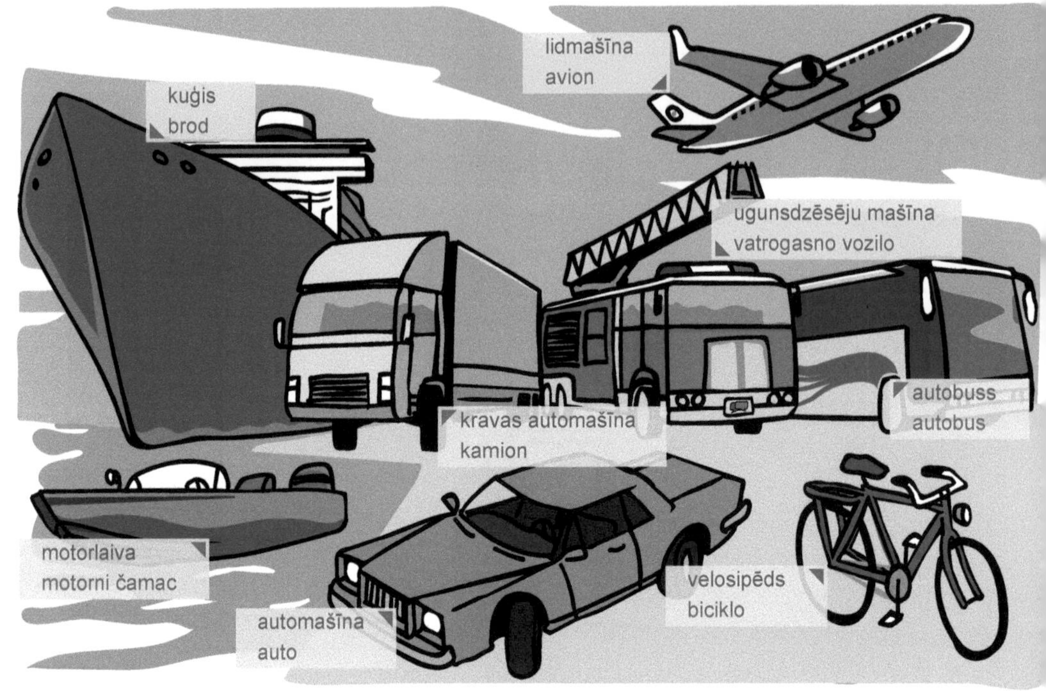
lidmašīna
avion
kuģis
brod
ugunsdzēsēju mašīna
vatrogasno vozilo
autobuss
autobus
kravas automašīna
kamion
motorlaiva
motorni čamac
velosipēds
biciklo
automašīna
auto

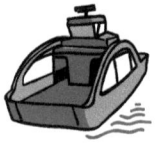

prāmis

trajekt

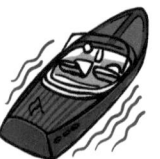

laiva

brod

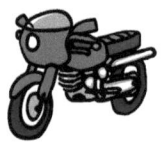

motocikls

motocikl

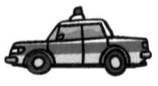

policijas automašīna

policijski automobil

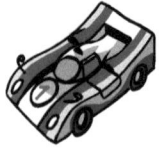

sacīkšu automobilis

trkaći automobil

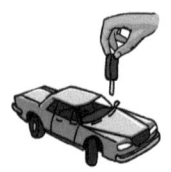

nomas auto

unajmljeni automobil

auto koplietošana
kar-šering

evakuators
pauk

atkritumu mašīna
smećarsko vozilo

dzinējs
motor

benzīns
gorivo

degvielas uzpildes stacija
benzinska pumpa

ceļa zīme
saobraćajni znak

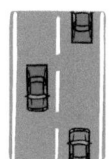

satiksme
saobraćaj

sastrēgums
zastoj

stāvvieta
parking

dzelzceļa stacija
željeznička stanica

sliedes
šine

vilciens
voz

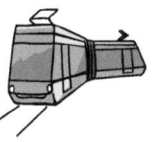

tramvajs
tramvaj

vagons
vagon

helikopters
helikopter

lidosta
aerodrom

tornis
toranj

pasažieris
putnik

konteiners
kontejner

kaste
karton

ratiņi
tačke

grozs
korpa

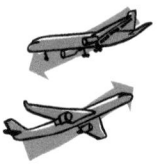

pacelties / nosēsties
poletjeti / sletjeti

pilsēta

grad

ciems
selo

pilsētas centrs
centar grada

māja
kuća

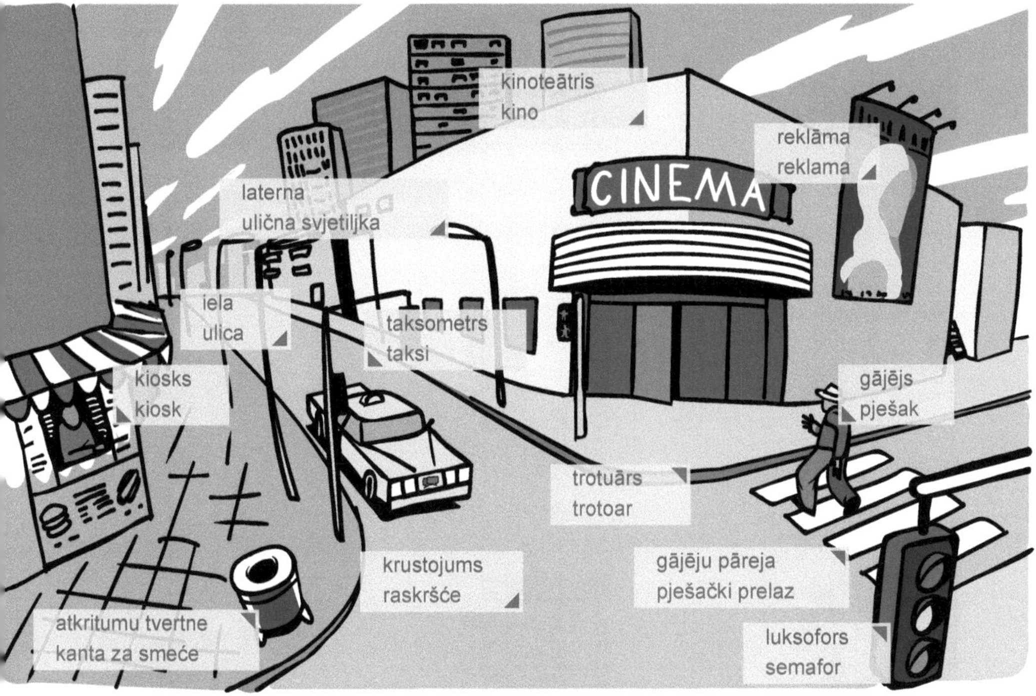

kinoteātris
kino

reklāma
reklama

laterna
ulična svjetiljka

CINEMA

iela
ulica

taksometrs
taksi

gājējs
pješak

kiosks
kiosk

trotuārs
trotoar

krustojums
raskršće

gājēju pāreja
pješački prelaz

atkritumu tvertne
kanta za smeće

luksofors
semafor

būda
koliba

dzīvoklis
stan

dzelzceļa stacija
željeznička stanica

rātsnams
vjećnica

muzejs
muzej

skola
škola

universitāte

univerzitet

banka

banka

slimnīca

bolnica

viesnīca

hotel

aptieka

apoteka

birojs

ured

grāmatnīca

knjižara

veikals

radnja

ziedu veikals

cvjećara

lielveikals

supermarket

tirgus

pijaca

tirdzniecības centrs

robna kuća

zivju tirgotājs

prodavač ribe

tirdzniecības centrs

trgovački centar

osta

luka

parks	sols	tilts
park	klupa	most

kāpnes	metro	tunelis
stepenice	podzemna željeznica	tunel

autobusa pieturvieta	bārs	restorāns
autobuska stanica	bar	restoran

pastkastīte	ielas nosaukuma plāksne	stāvlaika skaitītājs
poštanski sandučić	saobraćajni znak	sat za naplatu parkinga

zooloģiskais dārzs	peldbaseins	mošeja
zološki vrt	bazen	džamija

zemnieku saimniecība
seosko imanje

vides piesārņojums
zagađenje okoline

kapsēta
groblje

baznīca
crkva

spēļu laukums
igralište

templis
hram

ainava
krajolik

lapa
list

ceļrādis
putokaz

ceļš
putokaz

pļava
livada

akmens
kamen

ceļotājs
putnik

koks
drvo

upe
rijeka

zāle
trava

puķe
cvijet

ieleja
dolina

kalns
brdo

ezers
jezero

mežs
šuma

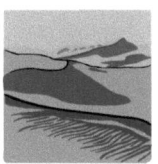

tuksnesis
pustinja

vulkāns
vulkan

pils
dvorac

varavīksne
duga

sēne
gljiva

palma
palma

moskīts
komarac

muša
muha

skudra
mrav

bite
pčela

zirneklis
pauk

vābole

buba

varde

žaba

vāvere

vjeverica

ezis

jež

zaķis

zec

pūce

sova

putns

ptica

gulbis

labud

meža cūka

divlja svinja

briedis

jelen

alnis

los

aizsprosts

brana

vēja ģenerators

vjetrenjača

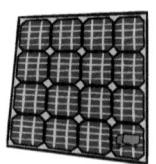

saules baterija

solarni modul

klimats

klima

restorāns
restoran

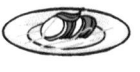

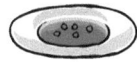

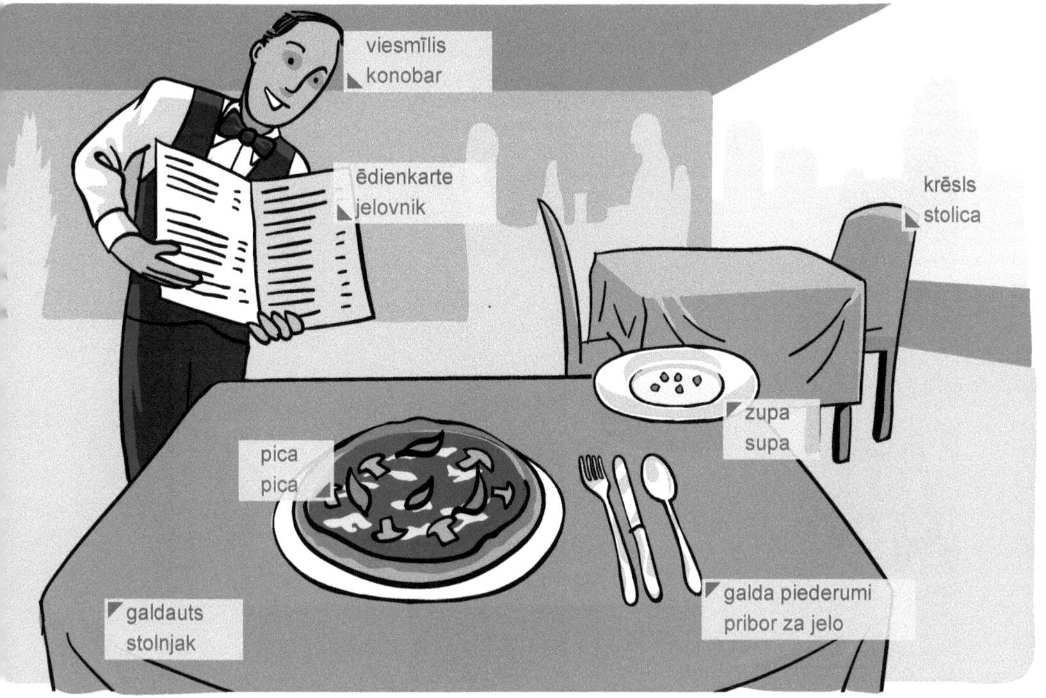

viesmīlis
konobar
ēdienkarte
jelovnik
krēsls
stolica
zupa
supa
pica
pica
galdauts
stolnjak
galda piederumi
pribor za jelo

uzkoda
predjelo

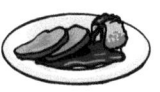

pamatēdiens
glavno jelo

deserts
desert

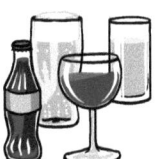

dzērieni
piće

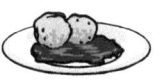

ēdiens
jelo

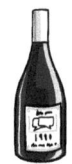

pudele
flaša

ātrās uzkodas

brza hrana

ielu uzkodas

jelo sa ulice

tējkanna

čajnik

cukurtrauks

šećernica

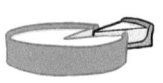

porcija

porcija

espresso kafijas automāts

mašina za espreso

bāra krēsls

barska stolica

rēķins

račun

paplāte

tacna

nazis

nož

dakša

viljuška

karote

kašika

tējkarote

kašičica

salvete

salveta

glāze

čaša

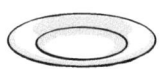

šķīvis

tanjir

zupas šķīvis

tanjir za supu

apakštase

tanjurić

mērce

sos

sāls trauciņš

solanik

piparu dzirnaviņas

mlin za biber

etiķis

sirće

eļļa

ulje

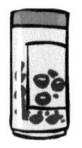

garšvielas

začini

kečups

kečap

sinepes

senf

majonēze

majoneza

lielveikals
supermarket

piedāvājums
ponuda
FOR
klients
klijent
piena produkti
mliječni proizvodi
augļi
voće
iepirkumu ratiņi
kolica za kupovinu

BUTCHERS

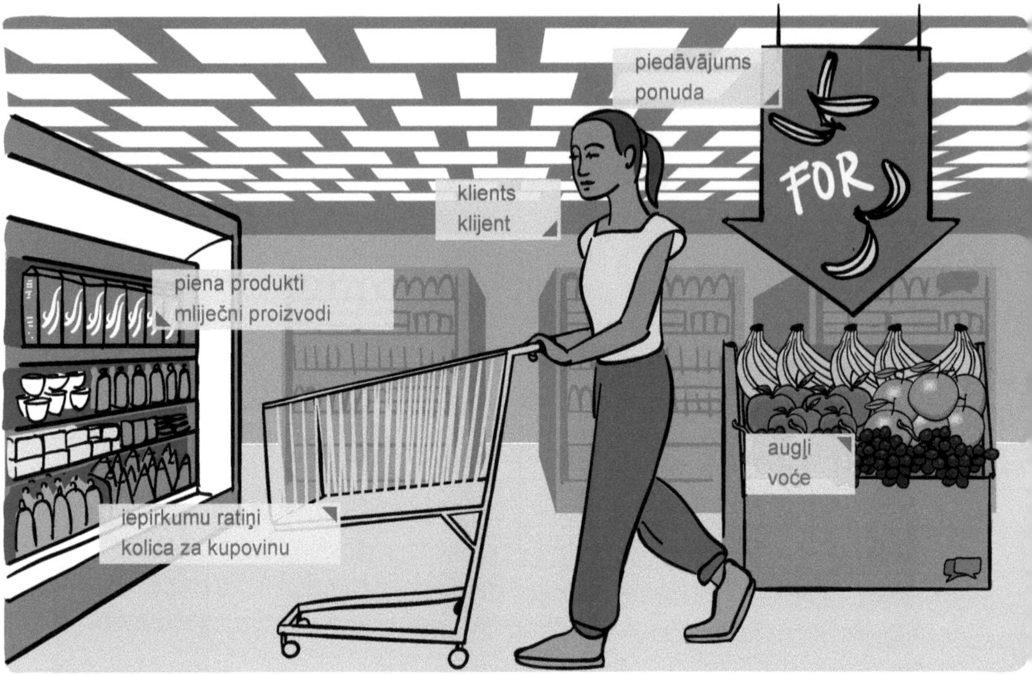

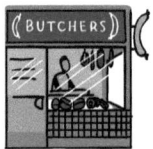

kautuve
mesnica- klaonica

BAKERY

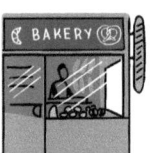

maizes veikals
pekara

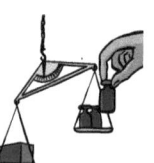

svērt
vagati

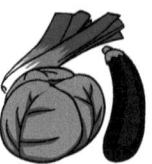

dārzeņi
povrće

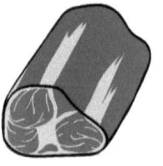

gaļa
meso

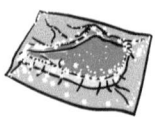

saldēti produkti
zaleđena hrana

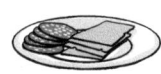

aukstās gaļas uzkodas

narezak

konservi

konzerve

pulveris

prašak za veš

saldumi

slatkiši

mājsaimniecības preces

kućanski proizvodi

tīrīšanas līdzeklis

sredstvo za čišćenje

pārdevēja

prodavačica

kase

kasa

kasieris

blagajnik

iepirkumu saraksts

lista za kupovinu

darba laiks

radno vrijeme

maks

novčanik

kredītkarte

kreditna kartica

soma

torba

maisiņš

najlonska vrećica

ūdens

voda

sula

sok

piens

mlijeko

kola

kola

vīns

vino

alus

pivo

alkohols

alkohol

kakao

kakao

tēja

čaj

kafija

kafa

espresso

espreso

kapučīno

kapućino

banāns

banana

ābols

jabuka

apelsīns

narandža

melone

lubenica

citrons

limun

burkāns

mrkva

ķiploks

bijeli luk

bambuss

bambus

sīpols

crveni luk

sēne

gljiva

rieksti

orašasti plodovi

makaroni

pasta

spageti

špagete

rīsi

riža

salāti

salata

frī kartupeļi

pomfrit

cepti kartupeļi

pečeni krompir

pica

pica

hamburgers

hamburger

sviestmaize

sendvič

šnicele

šnicla

šķiņķis

šunka

salami

kobasica

desa

kobasica

vista

kokoš

cepetis

pečenje

zivs

riba

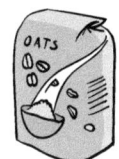

auzu pārslas

zobene pahuljice

muslis

muzli

brokastu pārslas

kornfleks

milti

brašno

radziņš

kroason

brokastu maizītes

zemičke

maize

kruh

tostermaize

tost

cepumi

keksi

sviests

maslac

biezpiens

svježi sir

kūka

kolač

ola

jaje

cepta ola

jaje na oko

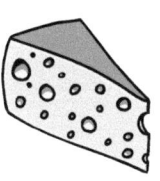

siers

sir

saldējums
....
sladoled

cukurs
....
šećer

medus
....
med

marmelāde
....
marmelada

riekstu krēms
....
nugat krema

karijs
....
kuri

zemnieku saimniecība
seosko imanje

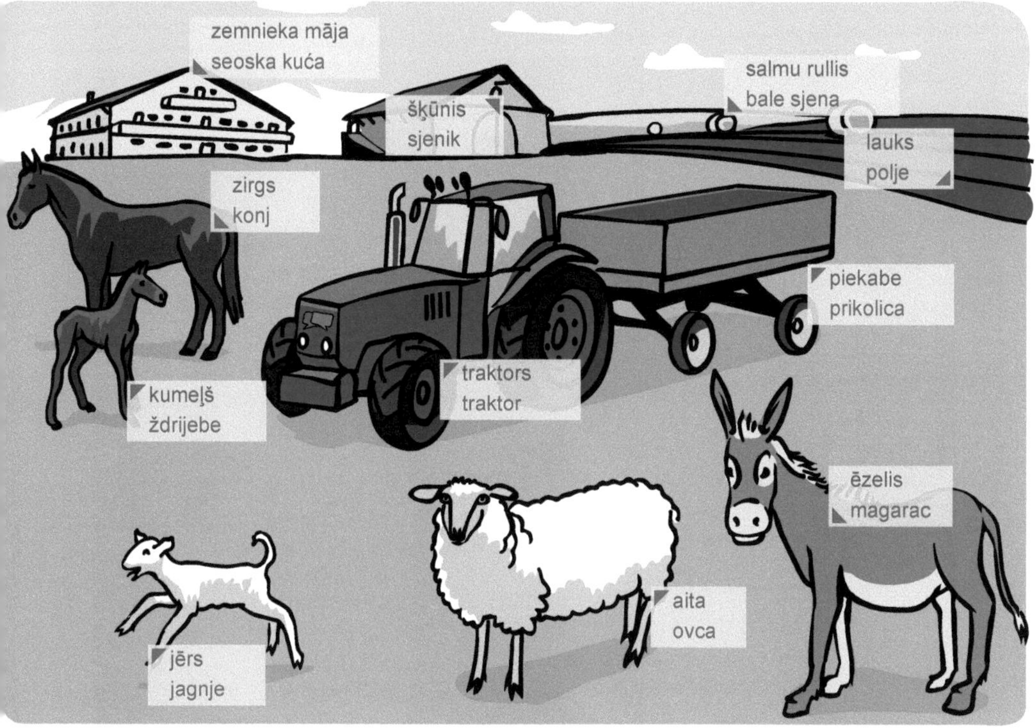
zemnieka māja
seoska kuća
šķūnis
sjenik
salmu rullis
bale sjena
lauks
polje
zirgs
konj
piekabe
prikolica
traktors
traktor
kumeļš
ždrijebe
ēzelis
magarac
aita
ovca
jērs
jagnje

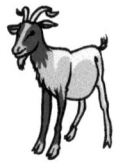

kaza
koza

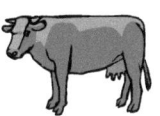

govs
krava

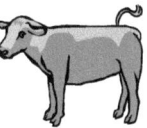

teļš
tele

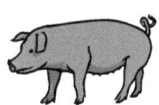

cūka
svinja

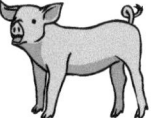

sivēns
prase

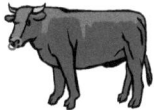

bullis
bik

zoss

guska

pīle

patka

cālis

pile

vista

kokoška

gailis

pjetao

žurka

pacov

kaķis

mačka

pele

miš

vērsis

vol

suns

pas

suņa būda

pseća kućica

dārza šļūtene

crijevo za baštu

lejkanna

kanta za zalijevanje

izkapts

kosa

arkls

plug

sirpis

srp

kaplis

motika

mēslu dakša

vile

cirvis

sjekira

ķerra

tačke

sile

korito

piena kanna

bokal za mlijeko

maiss

vreća

žogs

ograda

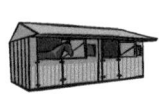

kūts

štala

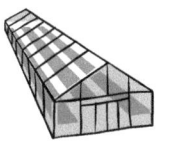

siltumnīca

staklenik

augsne

tlo

sēklas

sjeme

mēslojums

đubrivo

kombains

kombajn

novākt ražu
....
kositi

raža
....
žetva

jamss
....
jam korijen

kvieši
....
pšenica

soja
....
soja

kartupelis
....
krompir

kukurūza
....
kukuruz

rapsis
....
uljana repica

augļu koks
....
drvo voća

manioka
....
manioka

labība
....
žito

māja
kuća

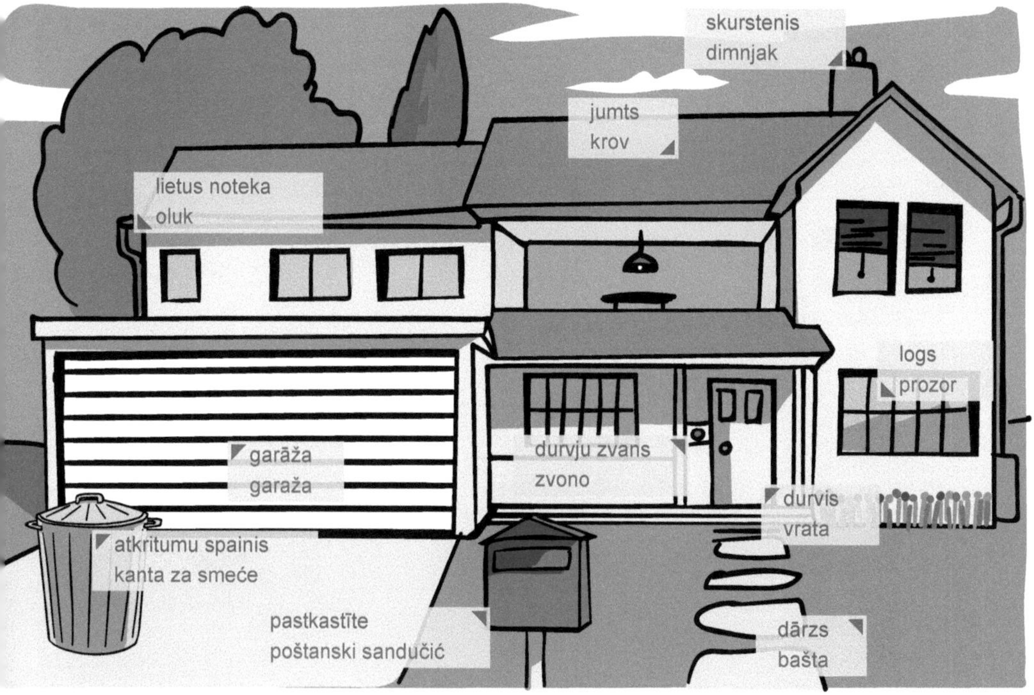
skurstenis
dimnjak
jumts
krov
lietus noteka
oluk
logs
prozor
garāža
garaža
durvju zvans
zvono
durvis
vrata
atkritumu spainis
kanta za smeće
pastkastīte
poštanski sandučić
dārzs
bašta

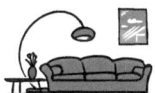

viesistaba

dnevni boravak

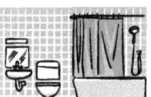

vannas istaba

kupatilo

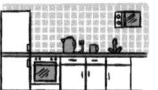

virtuve

kuhinja

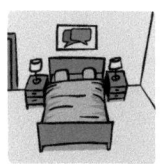

guļamistaba

spavaća soba

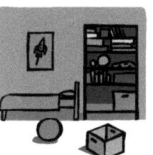

bērnu istaba

dječija soba

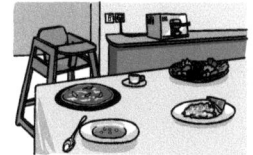

ēdamistaba

trpezarija

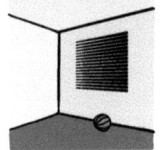

grīda

pod, tlo

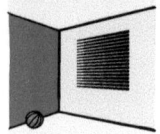

siena

zid

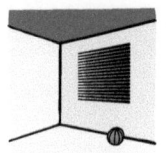

griesti

plafon

pagrabs

podrum

sauna

sauna

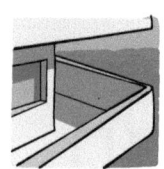

balkons

balkon

terase

terasa

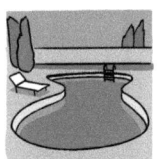

baseins

bazen

zāles pļāvējs

kosilica

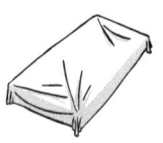

gultas veļa

posteljina

sega

pokrivač

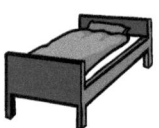

gulta

krevet

slota

metla

spainis

kanta

slēdzis

prekidač

māja - kuća

viesistaba
dnevni boravak

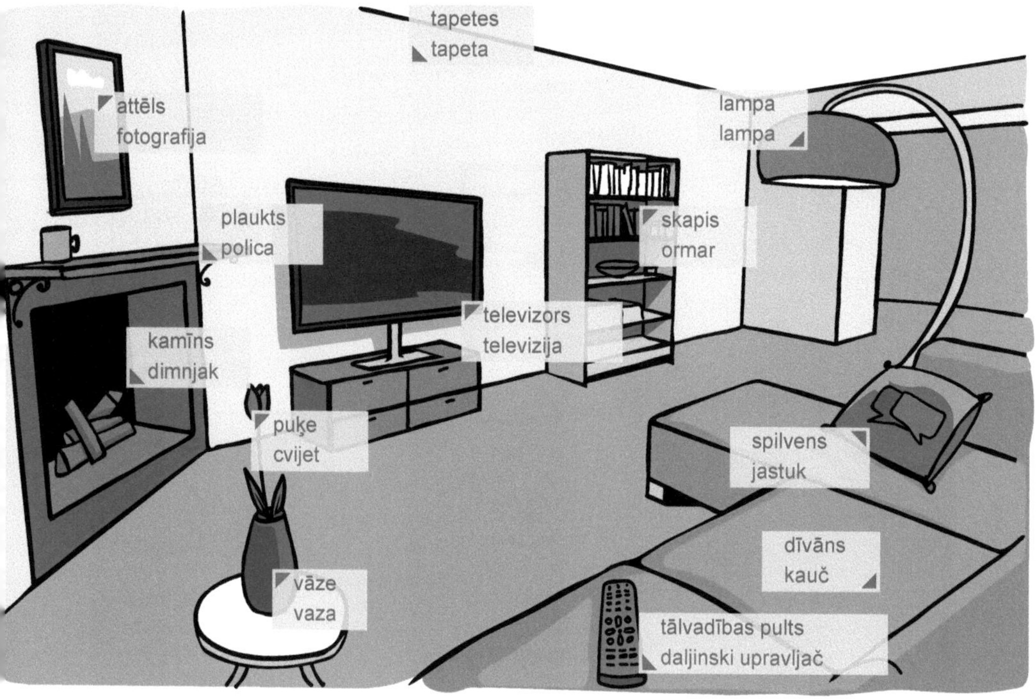

tapetes
tapeta
attēls
fotografija
lampa
lampa
plaukts
polica
skapis
ormar
televizors
televizija
kamīns
dimnjak
puķe
cvijet
spilvens
jastuk
dīvāns
kauč
vāze
vaza
tālvadības pults
daljinski upravljač

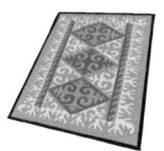

paklājs
tepih

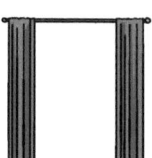

aizkars
zavjesa

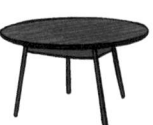

galds
stol

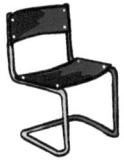

krēsls
stolica

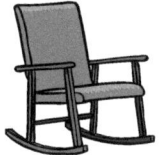

šūpuļkrēsls
stolica za ljuljanje

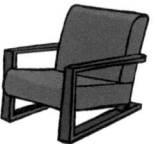

atpūtas krēsls
fotelja

grāmata

knjiga

sega

deka

dekorācija

dekoracija

malka

ložno drvo

filma

film

mūzikas centrs

stereo uređaj

atslēga

ključ

avīze

novine

glezna

umjetnička slika

plakāts

poster

radio

radio

pierakstu blociņš

blok za bilješke

putekļu sūcējs

usisavač

kaktuss

kaktus

svece

svijeća

virtuve
kuhinja

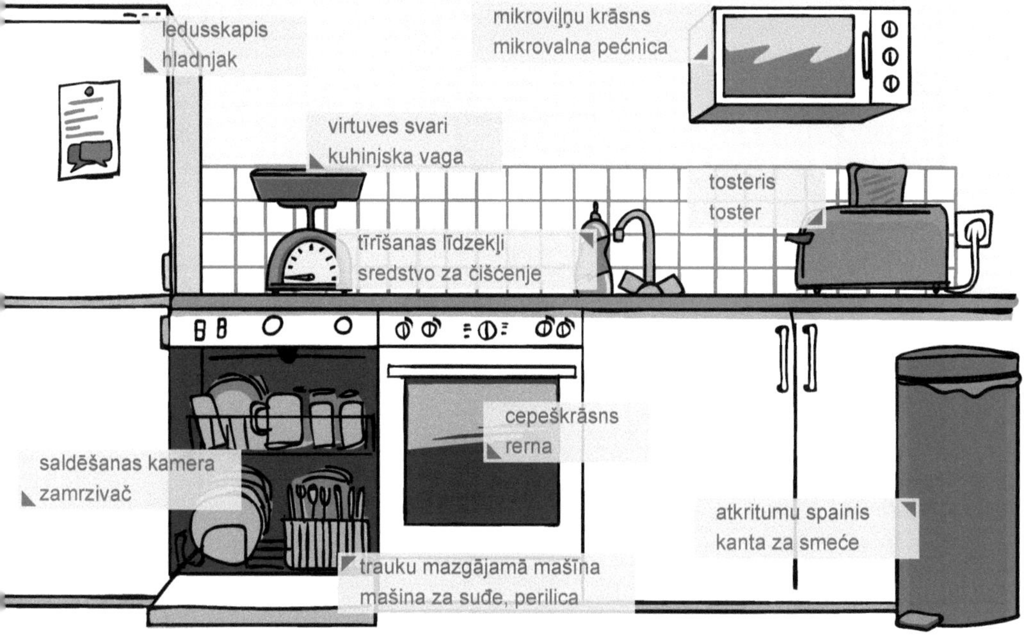
ledusskapis
hladnjak
mikroviļņu krāsns
mikrovalna pećnica
virtuves svari
kuhinjska vaga
tosteris
toster
tīrīšanas līdzekļi
sredstvo za čišćenje
cepeškrāsns
rerna
saldēšanas kamera
zamrzivač
atkritumu spainis
kanta za smeće
trauku mazgājamā mašīna
mašina za suđe, perilica

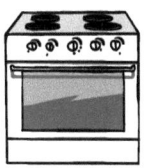

plīts
peć

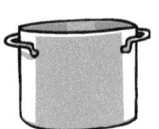

pods
lonac

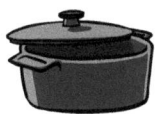

katls
metalni lonac

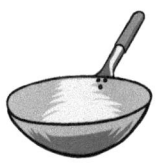

Wok panna
vok / kadai

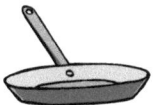

panna
tava, tiganj

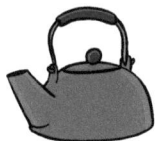

elektriskā tējkanna
kuhalo

tvaika katls

aparat za kuhanje na pari

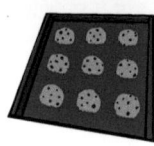

cepešpanna

lim za pečenje

trauki

posuđe

krūze

šalica

bļoda

činija

irbulīši

kineski štapići

kauss

kutlača

lāpstiņa

lopatica

putošanas slotiņa

metlica za snijeg bjelanjca

sietiņš

sito za kuhanje

siets

sito

rīve

ribež

piesta

avan s tučkom

grilēt

roštilj

atklāts pavards

ložište

dēlis
....
daska

mīklas rullis
....
oklagija

korķu viļķis
....
vadičep

bundža
....
konzerva

konservu nazis
....
otvarač za konzerve

virtuves cimdi
....
krpe za lonac

izlietne
....
sudoper

birste
....
četka

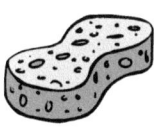

sūklis
....
spužva

mikseris
....
mikser

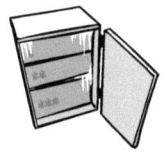

saldētava
....
zamrzivač

bērna pudelīte
....
flašica za bebu

ūdenskrāns
....
slavina

vannas istaba
kupatilo

apkure
grijanje
dvielis
peškir
duša
tuš
dušas aizkari
zavjesa za tuš
vannas putas
pjenušava kupka
vanna
kada
veļas mašīna
mašina za veš
flīzes
pločice
ūdenskrāns
slavina
glāze
čaša
podiņš
dječja kahlica
izlietne
sudoper

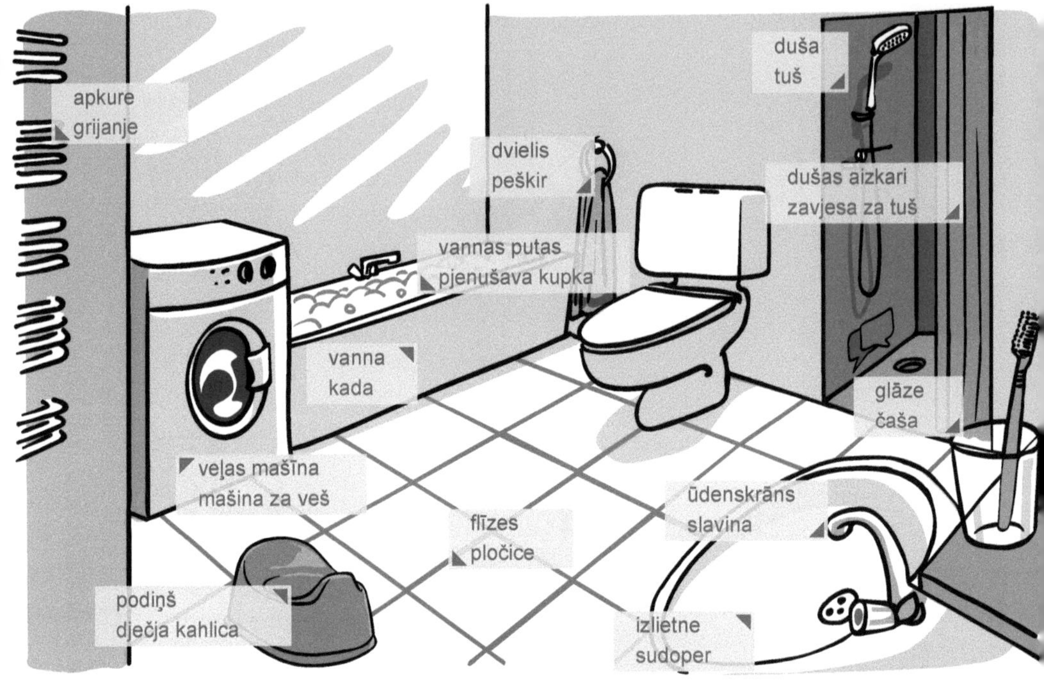

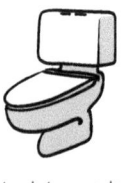

tualetes pods
toalet

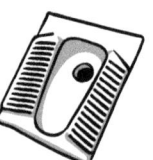

Āzijas tipa tualete
čučavac

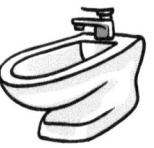

bidē
bide

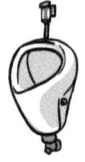

pisuārs
pisoar

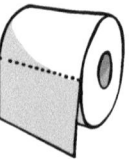

tualetes papīs
toalet papir

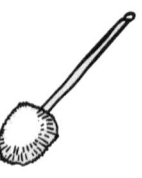

tualetes birste
četka za wc

zobu birste

četkica za zube

zobu pasta

pasta za zube

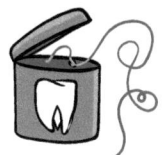

zobu diegs

zubni konac

mazgāt

prati

rokas duša

tuš

duša

intimni tuš

bļoda

lavor

muguras mazgāšanas birste

četka za leđa

ziepes

sapun

dušas želeja

gel za tuširanje

šampūns

šampon

mazgāšanas drāna

krpe za pranje

noteka

odvod

krēms

krema

dezodorants

dezodorans

spogulis

ogledalo

spogulītis

ogledalo za šminkanje

skuveklis

brijač

skūšanās putas

pjena za brijanje

losjons pēc skūšanās

vodica poslije brijanja

ķemme

češalj

matu suka

četka

matu fēns

fen

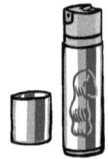

matu laka

sprej za kosu

grima komplekts

puder

lūpu krāsa

karmin

nagulaka

lak za nokte

vate

vata

šķērītes

makazice za nokte

smaržas

parfem

vannas istaba - kupatilo

kosmētikas maks

kozmetička torbica

ķeblītis

hoklica

svari

vaga

halāts

kupaći ogrtač

tīrīšanas cimdi

rukavice za čišćenje

tampons

tampon

pakete

uložak za dame

ķīmiskā tualete

hemijski toalet

bērnu istaba
dječija soba

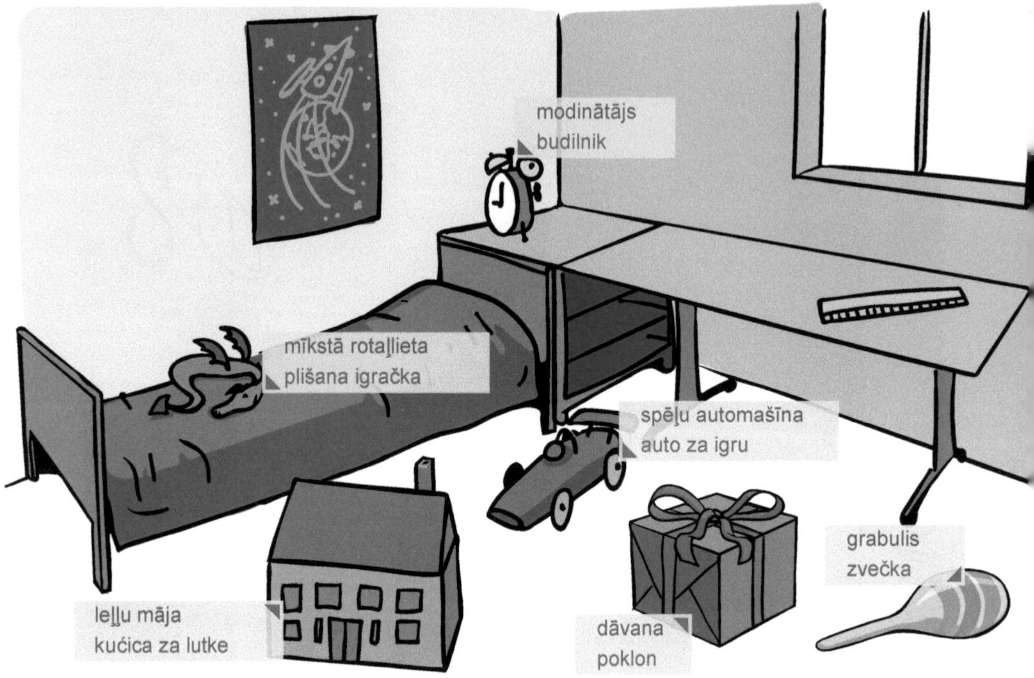

modinātājs
budilnik
mīkstā rotaļlieta
plišana igračka
spēļu automašīna
auto za igru
grabulis
zvečka
leļļu māja
kućica za lutke
dāvana
poklon

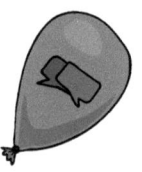

balons

balon

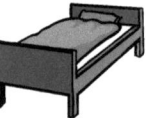

gulta

krevet

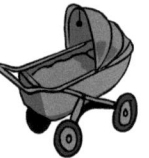

bērnu ratiņi

kolica za djecu

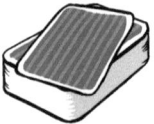

kārtis

karte za igranje

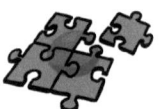

puzle

puzle

komikss

strip

LEGO klucīši

lego kockice

klucīši

kockice za gradnju

varoņu figūra

akcione figure

rāpulītis

benkica

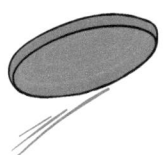

lidojošais šķīvītis

frizbi

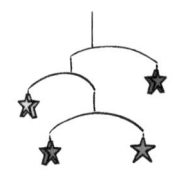

muzikālais karuselis

mobile

galda spēle

igra na ploči

metamais kauliņš

kocka

rotaļu dzelzceļš

miniatura željeznice

māneklis

cucla

ballīte

zabava

bilžu grāmata

slikovnica

bumba

lopta

lelle

lutka

spēlēt

igrati

bērnu istaba - dječija soba

smilšu kaste

pješćanik

šūpoles

ljuljačka

rotaļlietas

igračke

spēļu konsole

konzola za igru

trīsritenis

triciklo

plīša lācītis

medvjedić

drēbju skapis

ormar

apģērbs

odjeća

īszeķes

kratke čarape

zeķes

čarape

zeķbikses

hulahopke

šalle
šal

siksna
kaiš

lietussargs
kišobran

T-krekls
majica kratkih rukava

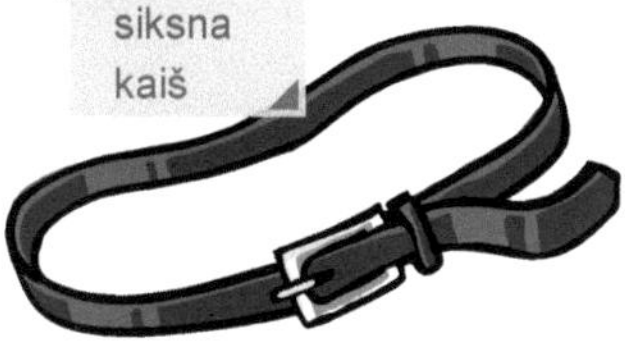

botas
patike

zābaks
čizme

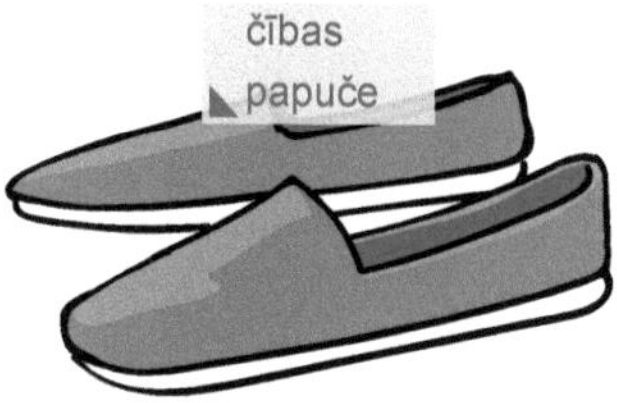

čības
papuče

sandales

sandale

kurpes

cipele

gumijas zābaki

gumene čizme

apakšbikses

gaće

krūšturis

grudnjak

apakškrekls

potkošulja

apģērbs - odjeća

45

bodijs
....
bodi

bikses
....
hlače

džinsi
....
farmerke

svārki
....
suknja

blūze
....
bluza

krekls
....
košulja

pulovers
....
džemper

džemperis
....
majica

žakete
....
sako

jaka
....
jakna

mētelis
....
mantil

lietus mētelis
....
kišni mantil

kostīms
....
kostim

kleita
....
haljina

kāzu kleita
....
vjenčanica

apģērbs - odjeća

uzvalks

odijelo

naktskrekls

spavaćica

pidžama

pidžama

sari

sari

lakats

marama

turbāns

turban

burka

burka

kaftāns

kaftan

abaja

abaja

peldkostīms

kupaći kostim

peldbikses

kupaće gaće

šorti

kratke hlače

treniņtērps

trenerka

priekšauts

pregača

cimdi

rukavice

poga

dugme

brilles

naočare

rokassprādze

narukvica

kaklarota

ogrlica

gredzens

prsten

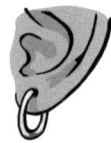

auskars

naušnica

cepure

kapa

drēbju pakaramais

vješalica

platmale

šešir

kaklasaite

kravata

rāvējslēdzējs

patentni zatvarač

ķivere

kaciga

bikšturi

tregeri za hlače

skolas forma

školska uniforma

uniforma

uniforma

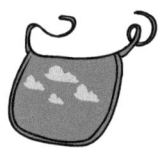

priekšautiņš

podbradak

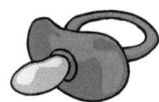

māneklis

cucla

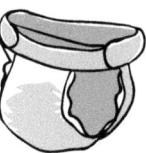

autiņbiksītes

pelene

birojs
ured

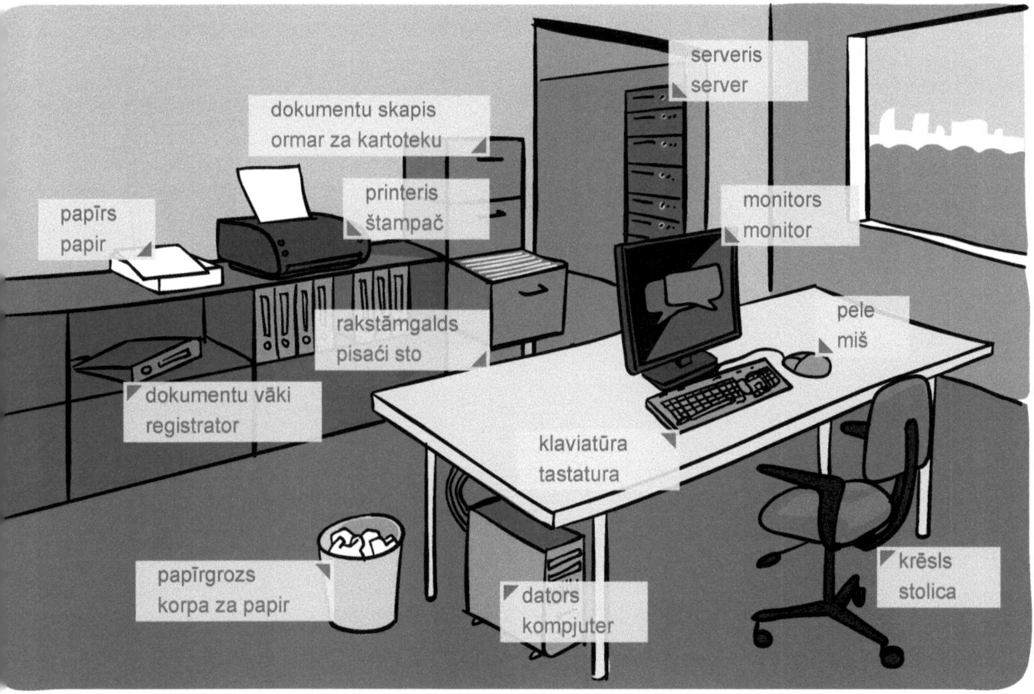

serveris
server
dokumentu skapis
ormar za kartoteku
printeris
štampač
papīrs
papir
monitors
monitor
rakstāmgalds
pisaći sto
pele
miš
dokumentu vāki
registrator
klaviatūra
tastatura
krēsls
stolica
papīrgrozs
korpa za papir
dators
kompjuter

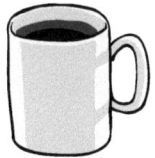

kafijas krūze

šolja za kafu

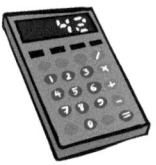

kalkulators

kalkulator

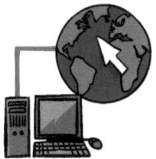

internets

internet

portatīvais dators
laptop

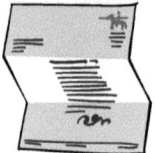

vēstule
pismo

ziņa
poruka

mobilais tālrunis
mobilni telefon

tīkls
mreža

kopētājs
aparat za kopiranje

programmatūra
softver

telefons
telefon

rozete
utičnica

faksa aparāts
faks

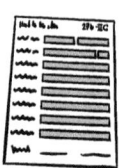

formulārs
formular

dokuments
dokument

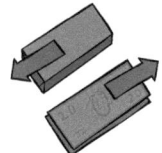

pirkt
kupovati

samaksāt
platiti

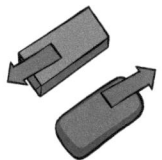

tirgot
trgovati

nauda
novac

dolārs
dolar

eiro
euro

jēna
jen

rublis
rublja

franks
franak

juaņa renminbi
renminbi jen

rūpija
rupi

bankomāts
bankomat

valūtas maiņas punkts

mjenjačnica

zelts

zlato

sudrabs

srebro

nafta

nafta

enerģija

energija

cena

cijena

līgums

ugovor

nodoklis

porez

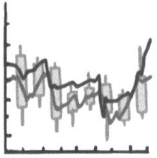

akcija

akcija

strādāt

raditi

darbinieks

službenik

darba devējs

poslodavac

fabrika

fabrika

veikals

radnja

ekonomika - ekonomija

profesijas
zanimanja

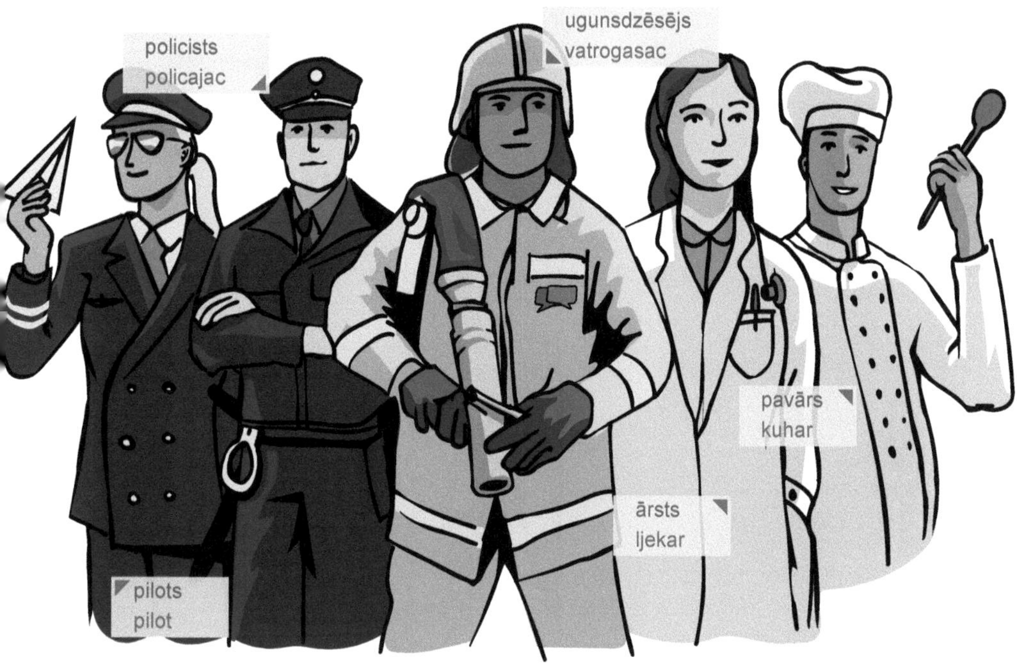

policists
policajac
ugunsdzēsējs
vatrogasac
pavārs
kuhar
ārsts
ljekar
pilots
pilot

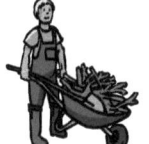

dārznieks

baštovan

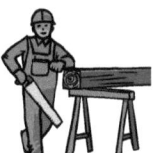

galdnieks

stolar

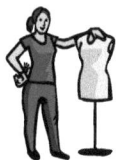

šuvēja

krojačica

tiesnesis

sudija

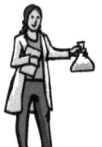

ķīmiķis

hemičar

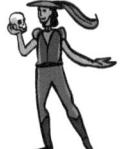

aktieris

glumac

autobusa vadītājs
vozač autobusa

taksometra vadītājs
vozač taksija

zvejnieks
ribar

apkopēja
čistačica

jumiķis
krovopokrivač

viesmīlis
konobar

mednieks
lovac

gleznotājs
moler

maiznieks
pekar

elektriķis
električar

celtnieks
građevinski radnik

inženieris
inženjer

miesnieks
koljač

skārdnieks
limar, vodoinstalater

pastnieks
poštar

karavīrs
vojnik

arhitekts
arhitekta

kasieris
blagajnik

florists
cvjećar

frizieris
frizer

konduktors
kontrolor

mehāniķis
mehaničar

kapteinis
kapiten

zobārsts
zubar

zinātnieks
naučnik

rabīns
rabin

imāms
imam

mūks
monah

mācītājs
sveštenik

instrumenti
alat

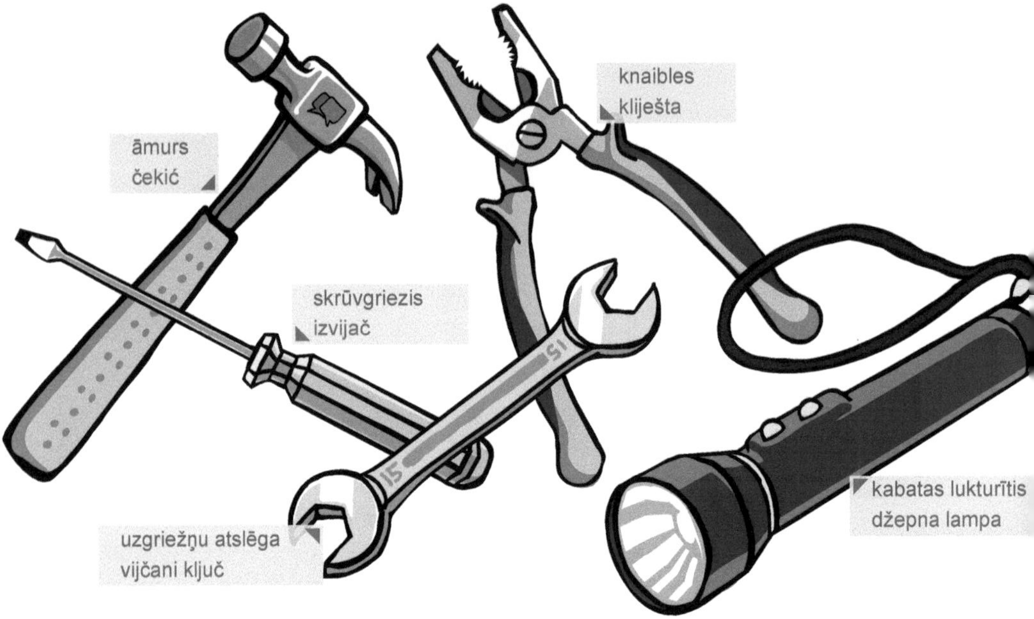

knaibles
kliješta
āmurs
čekić
skrūvgriezis
izvijač
kabatas lukturītis
džepna lampa
uzgriežņu atslēga
vijčani ključ

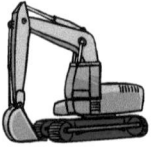

ekskavators

bager

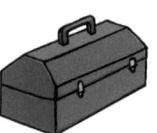

instrumentu kaste

kutija sa alatom

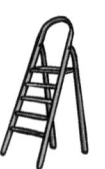

kāpnes

ljestve

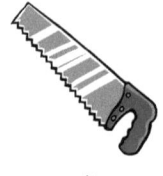

zāģis

testera, pila

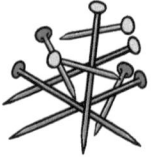

naglas

ekser

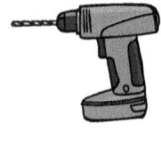

urbis

bušilica

remontēt

popraviti

lāpsta

lopata

Velns!

sranje!

liekšķere

lopatica

krāsas bundža

kanta boje

skrūves

vijak

mūzikas instrumenti
muzički instrumenti

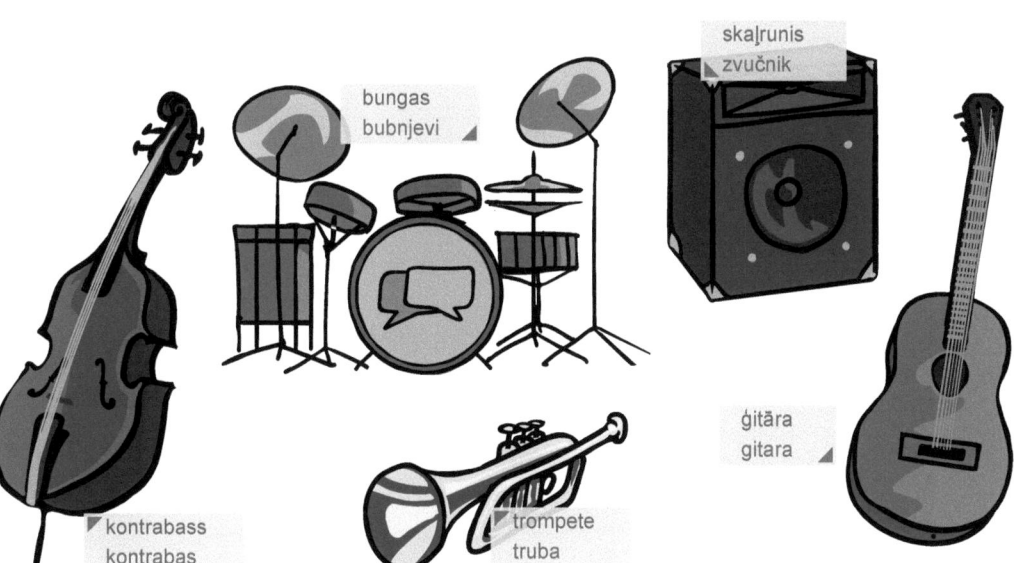

skaļrunis
zvučnik

bungas
bubnjevi

ģitāra
gitara

kontrabass
kontrabas

trompete
truba

klavieres

klavir

vijole

violina

bass

bas

timpāni

bubanj timpani

bungas

bubanj

digitālās klavieres

sintisajzer

saksofons

saksofon

flauta

flauta

mikrofons

mikrofon

zooloģiskais dārzs
zološki vrt

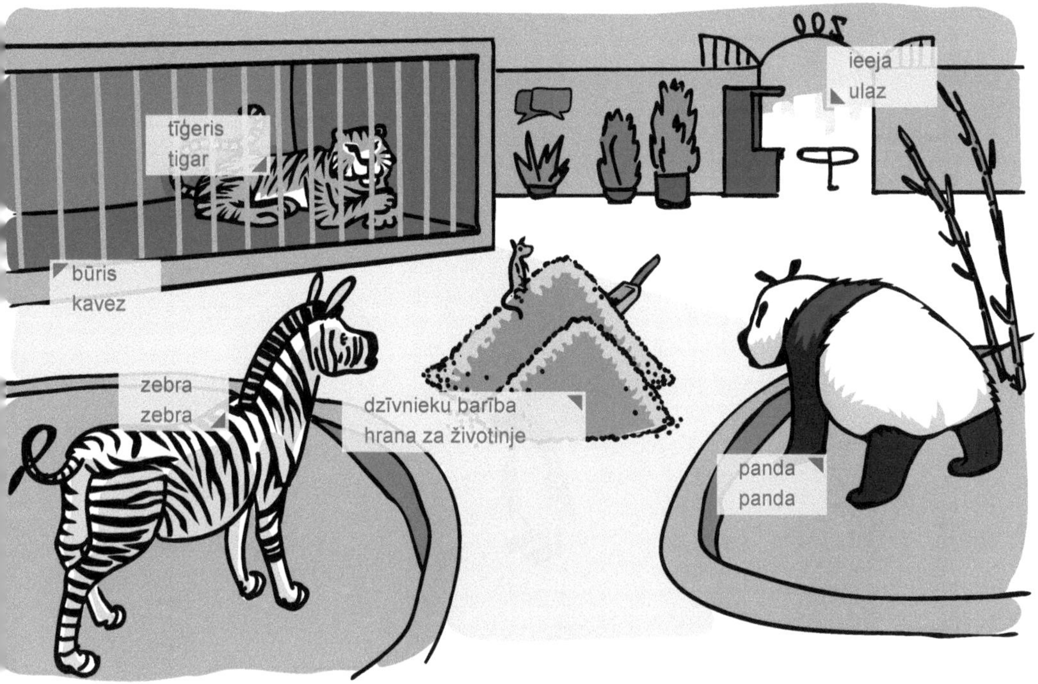
tīģeris
tigar
ieeja
ulaz
būris
kavez
zebra
zebra
dzīvnieku barība
hrana za životinje
panda
panda

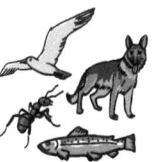

dzīvnieki
životinje

zilonis
slon

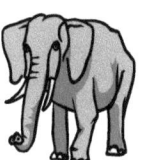

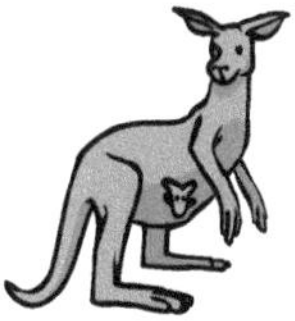

ķengurs
kengur

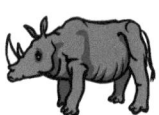

degunradzis
nosorog

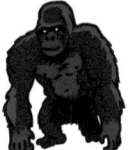

gorilla
gorila

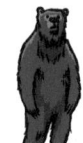

lācis
medvjed

kamielis

kamila

strauss

noj

lauva

lav

pērtiķis

majmun

flamings

flamingo

papagailis

papagaj

polārlācis

polarni medvjed

pingvīns

pingvin

haizivs

morski pas

pāvs

paun

čūska

zmija

krokodils

krokodil

zoodārza sargs

čuvar u zološkom vrtu

ronis

tuljan

jaguārs

jaguar

ponijs

poni

leopards

leopard

nīlzirgs

nilski konj

žirafe

žirafa

ērglis

orao

meža cūka

divlja svinja

zivs

riba

bruņurupucis

kornjača

valzirgs

morž

lapsa

lisica

gazele

gazela

amerikāņu futbols
američki fudbal

riteņbraukšana
vožnja bicikla

teniss
tenis

basketbols
košarka

peldēšana
plivanje

hokejs
hokej na ledu

bokss
boks

futbols
fudbal

badmintons
bedminton

vieglatlētika
laka atletika

rokas bumba
rukomet

slēpošana
skijanje

polo
polo

darbības
aktivnosti

lēkt
skakati
smieties
smijati se
apskaut
zagrliti
iet
ići
dziedāt
pjevati
sapņot
sanjati
lūgt
moliti
skūpstīt
ljubiti

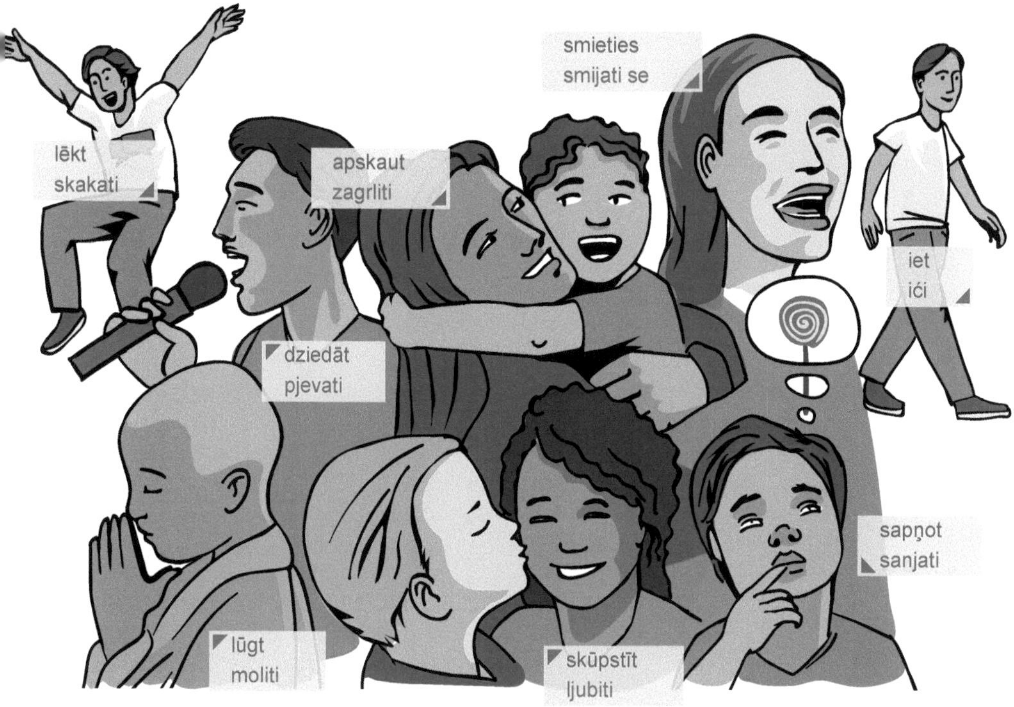

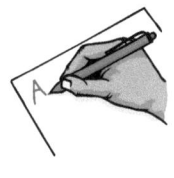

rakstīt

pisati

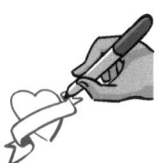

zīmēt

crtati

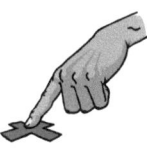

rādīt

pokazati

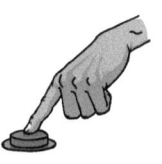

spiest

gurati

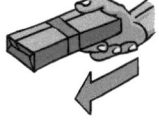

dot

dati

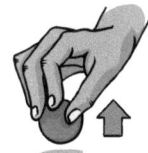

ņemt

uzeti

būt

imati

darīt

raditi

būt

biti

stāvēt

stajati

skriet

trčati

vilkt

vući

mest

baciti

krist

pasti

gulēt

ležati

gaidīt

čekati

nest

nositi

sēdēt

sjediti

uzģērbt

obući

gulēt

spavati

pamosties

probuditi

skatīties

pogledati

raudāt

plakati

glāstīt

milovati

ķemmēt

češljati

runāt

govoriti

saprast

razumjeti

jautāt

pitati

dzirdēt

slušati

dzert

piti

ēst

jesti

sakārtot

pospremiti

mīlēt

voljeti

vārīt

kuhati

braukt

voziti

lidot

letjeti

burot

jedriti

rēķināt

računati

lasīt

čitati

mācīties

učiti

strādāt

raditi

precēties

vjenčavti

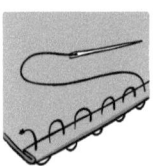

šūt

šiti

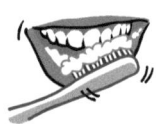

tīrīt zobus

prati zube

nogalināt

ubiti

smēķēt

pušiti

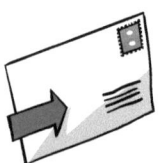

sūtīt

slati

vecāmāte
baka

vectēvs
djed

tēvs
otac

māte
majka

mazulis
beba

meita
kćerka

dēls
sin

viesis

gost

tante

ujna, tetka, strina

onkulis

ujak, tetak, stric

brālis

brat

māsa

sestra

ķermenis
tijelo

piere
čelo
acs
oko
plecs
leđa
pirksts
prst
seja
lice
zods
brada
roka
ruka, šaka
kāja
noga
krūtis
grudi
roka
ruka

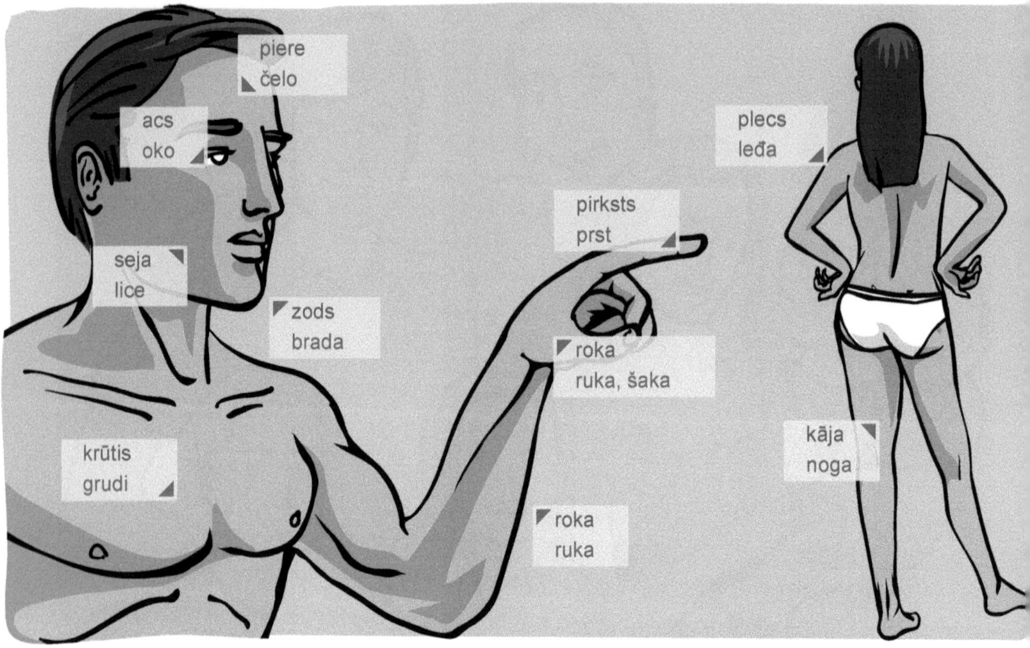

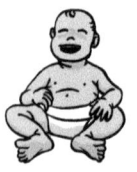

mazulis

beba

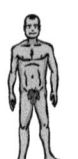

vīrietis

muškarac

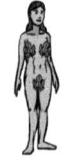

sieviete

žena

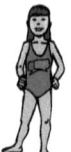

meitene

djevojčica

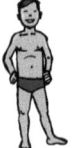

zēns

dječak

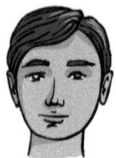

galva

glava

mugura

leđa

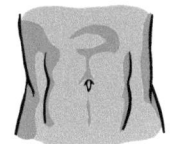

vēders

stomak

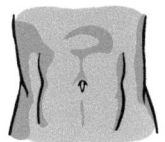

naba

pupak

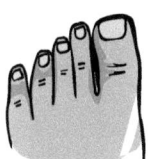

kājas pirksts

nožni prst

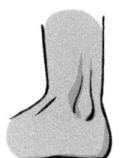

papēdis

peta

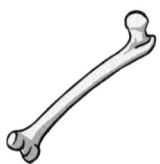

kauls

kosti

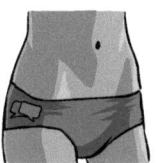

gurns

kuk

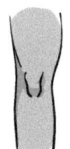

celis

koljeno

elkonis

lakat

deguns

nos

dibens

stražnjica

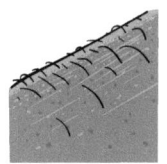

āda

koža

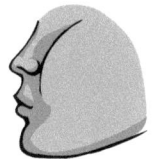

vaigs

obraz

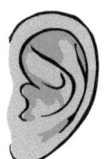

auss

uho

lūpa

usna

mute

usta

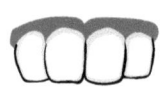

zobs

zub

mēle

jezik

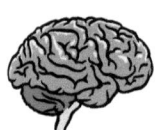

smadzenes

mozak

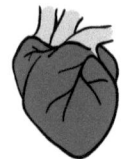

sirds

srce

muskulis

mišić

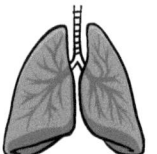

plaušas

pluća

aknas

jetra

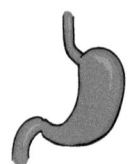

kuņģis

želudac

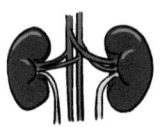

nieres

bubreg

dzimumakts

spolni odnos

kondoms

kondom

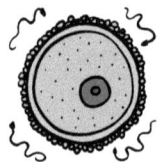

olšūna

jajna ćelija

sperma

sperma

grūtniecība

trudnoća

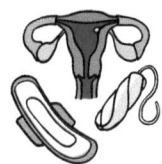

menstruācijas

menstruacija

vagīna

vagina

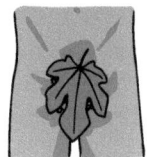

penis

penis

uzacs

obrva

mati

kosa

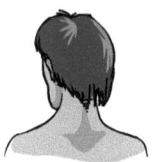

kakls

vrat

slimnīca
bolnica

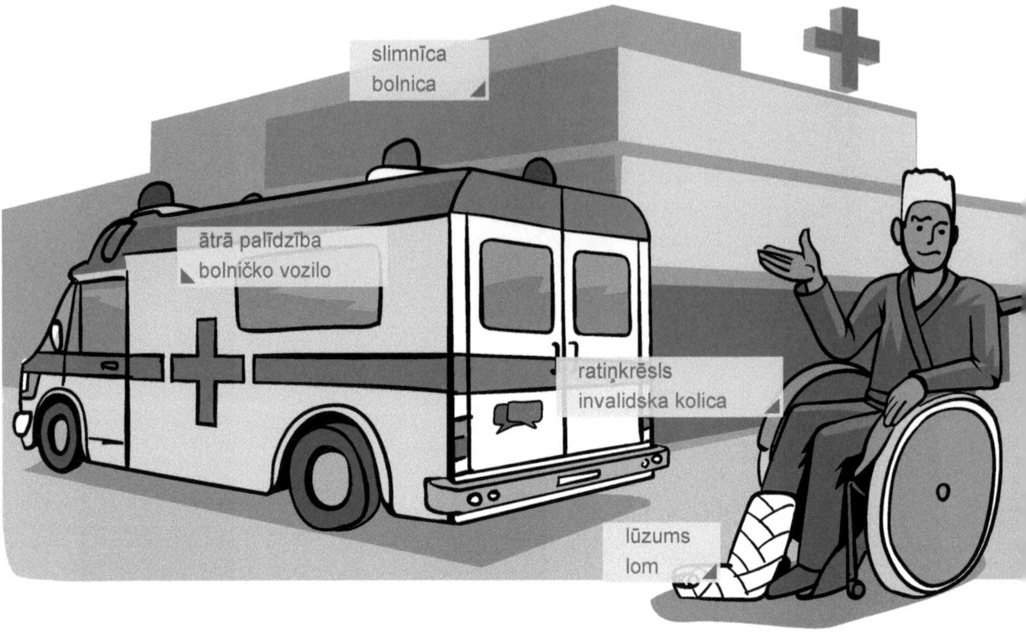

slimnīca
bolnica
ātrā palīdzība
bolničko vozilo
ratiņkrēsls
invalidska kolica
lūzums
lom

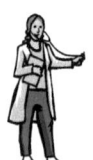

ārsts

ljekar

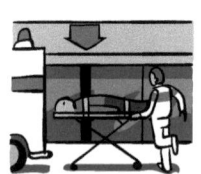

neatliekamās palīdzības nodaļa

hitna služba

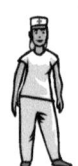

medmāsa

medicinska sestra

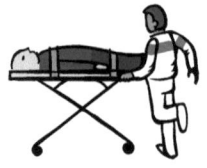

ārkārtas gadījums

hitna pomoć

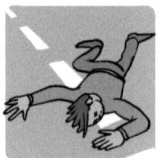

paģībis

nesvjest

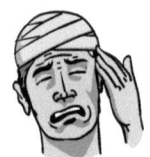

sāpes

bol

ievainojums
....
povreda

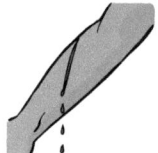

asiņošana
....
krvarenje

sirdslēkme
....
srčani udar, infarkt

insults
....
moždani udar

alerģija
....
alergija

klepus
....
kašalj

temperatūra
....
groznica

gripa
....
gripa

caureja
....
proljev

galvassāpes
....
glavobolja

vēzis
....
rak

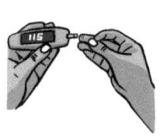

diabēts
....
dijabetes

ķirurgs
....
hirurg

skalpelis
....
skalpel

operācija
....
operacija

datortomogrāfija

CT

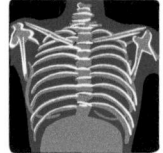

rentgents

rendgen

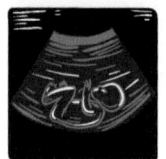

ultraskaņa

ultrazvuk

sejas maska

maska

slimība

bolest

uzgaidāmā telpa

čekaonica

kruķis

štake

plāksteris

flaster

apsējs

zavoj

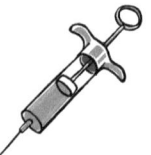

injekcija

injekcija

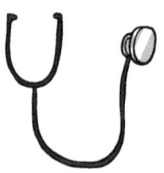

stetoskops

stetoskop

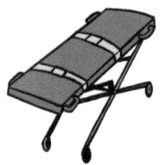

nestuves

nosilo

termometrs

termometar

dzemdības

porod

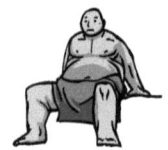

liekais svars

prekomjerna težina, debljina

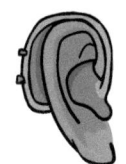

dzirdes aparāts

slušni aparat

dezinfekcijas līdzeklis

sredstvo za dezinfekciju

infekcija

infekcija

vīruss

virus

HIV / AIDS

HIV/ AIDS

zāles

medicina

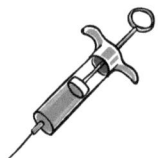

pote

vakcinacija

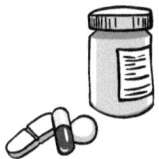

tabletes

tablete

pretapauglošanās tablete

pilula

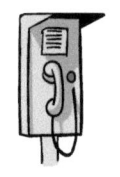

ārkārtas izsaukums

hitni poziv

asinsspiediena mērītājs

aparat za mjerenje pritiska

slims / vesels

bolestan / zdrav

Palīgā!
Upomoć!

trauksme
alarm

uzbrukums
napad, prepad

uzbrukums
napad

bīstamība
opasnost

avārijas izeja
izlaz u slučaju opasnosti

Uguns!
Požar!

ugunsdzēšamais aparāts
vatrogasni aparat

negadījums
nezgoda

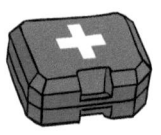

pirmās palīdzības aptieciņa
torba prve pomoći

SOS
SOS

policija
policija

Eiropa

Europa

Ziemeļamerika

Sjeverna Amerika

Dienvidamerika

Južna Amerika

Āfrika

Afrika

Āzija

Azija

Austrālija

Australija

Atlantijas okeāns

Atlantik

Klusais okeāns

Pacifik

Indijas okeāns

Indijski okean

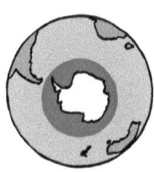

Dienvidu okeāns

Antarktički okean

Ziemeļu ledus okeāns

Arktički okean

Ziemeļpols

Sjeverni pol

Dienvidpols

Južni pol

Antarktika

Antarktik

zeme

Zemlja

zeme

zemlja

jūra

more

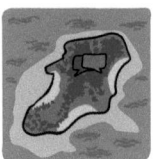

sala

ostrvo

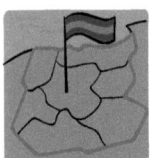

nācija

nacija

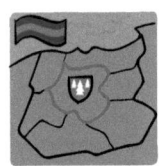

valsts

država

ciparnīca

brojčanik sata

stundu rādītājs

kazaljka sata

minūšu rādītājs

kazaljka minute

sekunžu rādītājs

kazaljka sekunde

Cik ir pulkstenis?

Koliko je sati?

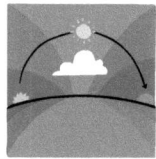

diena

dan

laiks

vrijeme

tagad

sada

digitālais pulkstenis

digitalni sat

minūte

minuta

stunda

sat

nedēļa
sedmica, nedjelja

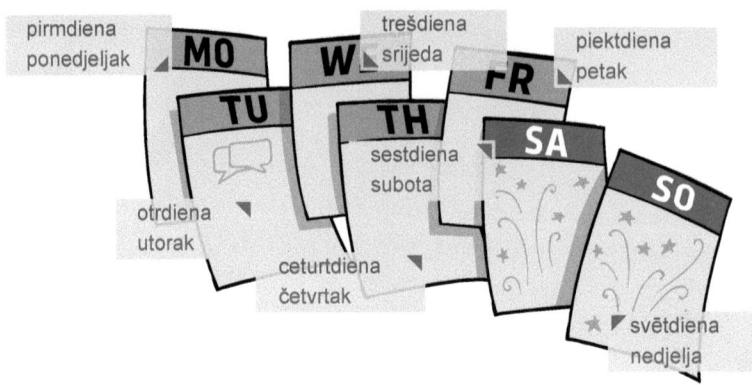

pirmdiena
ponedjeljak

trešdiena
srijeda

piektdiena
petak

otrdiena
utorak

sestdiena
subota

ceturtdiena
četvrtak

svētdiena
nedjelja

vakardien

juče

šodien

danas

rītdien

sutra

rīts

jutro

pusdienlaiks

podne

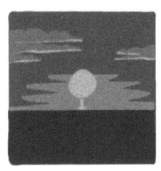

vakars

veče

MO	TU	WE	TH	FR	SA	SU
1	2	3	4	5	6	7
8	9	10	11	12	13	14
15	16	17	18	19	20	21
22	23	24	25	26	27	28
29	30	31	1	2	3	4

darbadienas

radni dani

MO	TU	WE	TH	FR	SA	SU
1	2	3	4	5	6	7
8	9	10	11	12	13	14
15	16	17	18	19	20	21
22	23	24	25	26	27	28
29	30	31	1	2	3	4

brīvdienas

vikend

gads
godina

lietus
kiša
varavīksne
duga
vējš
vjetar
sniegs
snijeg
pavasaris
proljeće
rudens
jesen
vasara
ljeto
ziema
zima

4.APRIL 11°
5.APRIL 4°
6.APRIL 13°
7.APRIL 8°
8.APRIL 10°

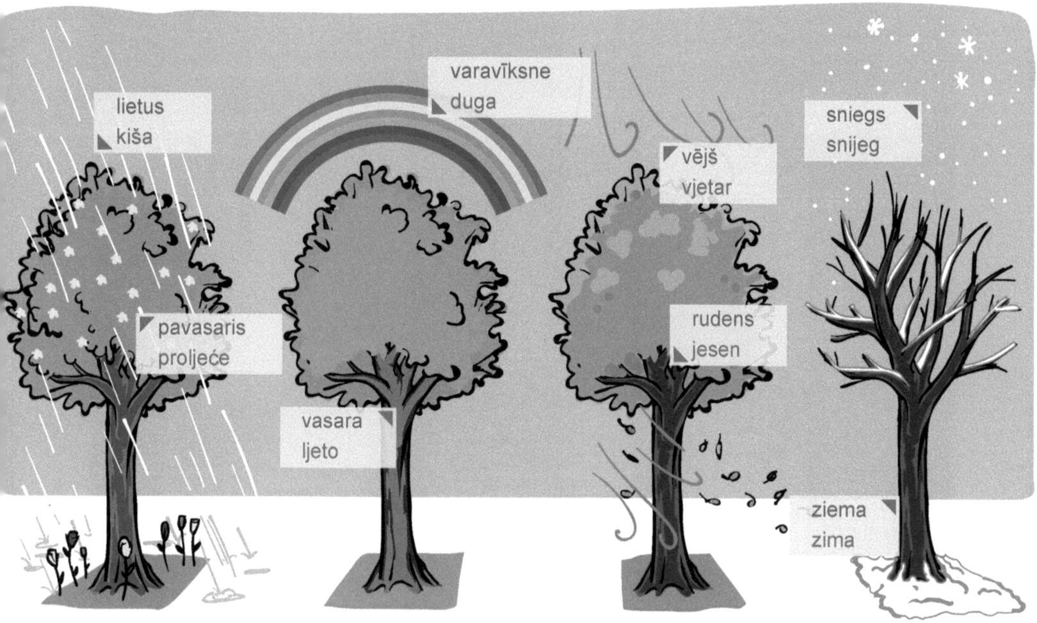

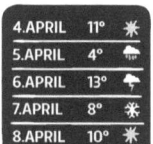

laika prognoze
prognoza vremena

F C
120 90 60 30 0 -30
40 30 20 10 0 -10 -20

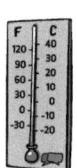

termometrs
termometar

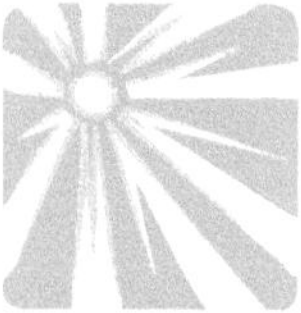

saules gaisma
sunčev sjaj

mākonis
oblak

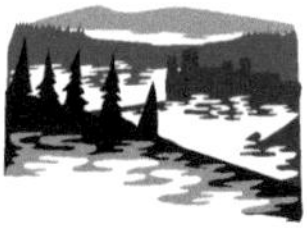

migla
magla

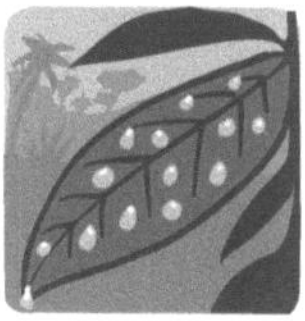

gaisa mitrums
vlažnost vazduha

zibens

munja

pērkons

grom

vētra

oluja

krusa

tuča, led

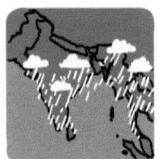

musons

monsun

plūdi

poplava

ledus

led

janvāris

januar

februāris

februar

marts

mart

aprīlis

april

maijs

maj

jūnijs

juni

jūlijs

juli

augusts

avgust

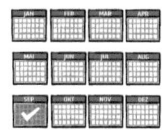

septembris
....
septembar

oktobris
....
oktobar

novembris
....
novembar

decembris
....
decembar

aplis
....
krug

kvadrāts
....
kvadrat

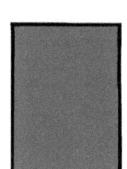

četrstūris
....
pravougao

trīsstūris
....
trougao

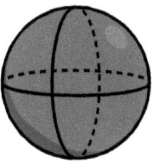

lode
....
kugla

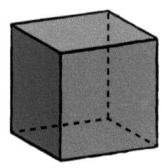

kubs
....
kocka

balts
....
bjel

dzeltens
....
žut

oranžs
....
narandžast

sārts
....
pink

sarkans
....
crven

lillā
....
ljubičast

zils
....
plav

zaļš
....
zelen

brūns
....
smeđ

pelēks
....
siv

melns
....
crn

daudz / maz

malo / mnogo

saniknots / miermīlīgs

ljutit / miran

skaists / neglīts

lijep / ružan

sākums / beigas

početak / kraj

liels / mazs

veliki / mali

gaišs / tumšs

svijetlo / tamno

brālis / māsa

brat / sestra

tīrs / netīrs

čist / prljav

pilnīgs / nepilnīgs

potpun / nepotpun

diena / nakts

dan / noć

miris / dzīvs

mrtav / živ

plats / šaurs

široko / usko

baudāms / nebaudāms

ukusno / neukusno

nikns / laipns

zao / prijatan

satraukts / garlaikots

uzbuđen / dosadan

resns / tievs

debeo / mršav

pirmais /pēdējais

najprije / najkasnije

draugs / ienaidnieks

prijatelj / neprijatelj

pilns / tukšs

pun / prazan

ciets / mīksts

trvd / mekan

smags / viegls

težak / lagan

izsalkums / slāpes

glad / žeđ

slims / vesels

bolestan / zdrav

nelegāls / legāls

ilegalan / legalan

inteliģents / dumjš

inteligentan / glup

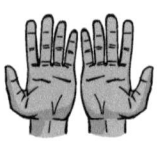

kreisais / labais

lijevo / desno

tuvu / tālu

blizu / daleko

pretstati - suprotnosti

jauns / lietots

nov / polovan

nekas / kaut kas

ništa / nešto

vecs / jauns

star / mlad

ieslēgts / izslēgts

ukļučeno / iskļučeno

atvērts / slēgts

otvoreno / zatvoreno

kluss / skaļš

tiho / glasno

bagāts / nabags

bogat / siromašan

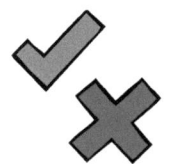

pareizi / nepareizi

tačno / pogrešno

raupjš / gluds

hrapav / glatak

noskumis / laimīgs

tužan / srećan

īss / garš

kratak / dug

lēns / ātrs

spor / brz

slapjš / sauss

mokro / suho

silts / vēss

toplo / hladno

karš / miers

rat / mir

0	**1**	**2**
nulle	viens	divi
nula	jedan	dva

3	**4**	**5**
trīs	četri	pieci
tri	četiri	pet

6	**7**	**8**
seši	septiņi	astoņi
šest	sedam	osam

9	**10**	**11**
deviņi	desmit	vienpadsmit
devet	deset	jedanaest

12

divpadsmit

dvanaest

13

trīspadsmit

trinaest

14

četrpadsmit

četrnaest

15

piecpadsmit

petnaest

16

sešpadsmit

šesnaest

17

septiņpadsmit

sedamnaest

18

astoņpadsmit

osamnaest

19

deviņpadsmit

devetnaest

20

divdesmit

dvadeset

100

simts

sto

1.000

tūkstotis

hiljada

1.000.000

miljons

milion

angļu

engleski

amerikāņu angļu

američki engleski

ķīniešu mandarīnu valoda

kinesko mandarinski

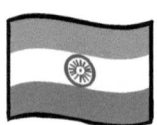

hindi

hindi

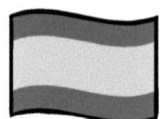

spāņu

španski

franču

francuski

arābu

arapski

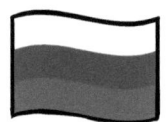

krievu

ruski

portugāļu

portugalski

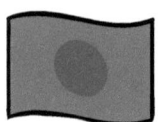

bengāļu

bengalski

vācu

njemački

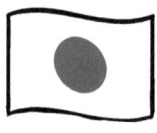

japāņu

japanski

es

ja

tu

ti

viņš / viņa

on / ona / ono

mēs

mi

jūs

vi

viņi / viņas

oni

kas?

ko?

ko?

šta?

kā?

kako?

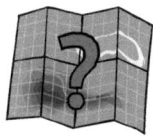

kur?

gdje?

kad?

kada?

vārds

ime

aiz

iza

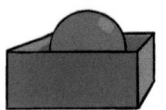

iekšā

u

priekšā

pred

virs

iznad

uz

na

zem

ispod

blakus

pored

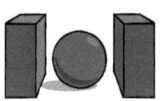

starp

između

vieta

mjesto